Rübezahl

Mit Bildern von
Fritz Baumgarten

Wie Rübezahl zu seinem Namen kam

Im Riesengebirge hauste einst ein Waldgeist, der Fürst der Gnomen. Sein Reich erstreckte sich tief unter der Erde und nur ab und zu begab er sich in die Oberwelt, um zu jagen. Bei einem dieser Streifzüge erblickte er die liebliche Gestalt eines schönen Mädchens, das mit seinen Freundinnen an einem Wasserfall lagerte. Es war die Tochter des Königs, der damals in der Gegend des Riesengebirges herrschte. Rübezahl stand wie gebannt in seinem Versteck. Er blieb dort mehrere Tage und wartete auf die Wiederkehr der lieblichen Prinzessin.

Als sie endlich wieder erschien, hatte Rübezahl die Felsenquelle in ein schönes Becken mit Marmor und Alabaster verwandelt. Die Prinzessin war sehr erstaunt darüber und verspürte große Lust, in dem Marmorbecken zu baden. Kaum aber war sie in das Wasser gestiegen, da wurde sie in die Tiefe gezogen. Sie kam in einen wunderbaren Palast und ein schöner Jüngling stand vor ihr. Es war Rübezahl, der sich ebenfalls verwandelt hatte. Er zeigte ihr die Pracht und die Herrlichkeit des Schlosses. Doch die Prinzessin war traurig, denn sie sehnte sich nach ihrem Zuhause und ihren Freundinnen. Um sie fröhlich zu stimmen, brachte Rübezahl ihr einen Korb voller Rüben und dazu einen Zauberstab. „Wenn du mit dem Stab eine der Rüben berührst, wird aus ihr das, was du dir wünschst", sprach er. Sie zögerte keinen Augenblick und zauberte ihre Freundinnen herbei. Das war eine Freude, als sie einander wieder begegneten!

Doch am anderen Morgen erschrak sie, denn aus den Jungfrauen waren alte Frauen geworden, die an Krücken daherkamen. Da schalt die Prinzessin den Rübezahl aus, er aber

sagte: „Wenn einmal eine Rübe welk geworden ist, kann ich sie nicht wieder frisch machen. Ich will dir neue Rüben bringen." Doch es war Herbst geworden und es gab keine Rüben mehr auf den Feldern.

Da kaufte Rübezahl in der nächsten Stadt Samen und bestellte damit einen ganzen Morgen Landes. Er ließ ein unterirdisches Feuer anschüren, um die Pflanzen mit linder Wärme zu treiben, und schon bald schoss die Saat auf.

Die Prinzessin aber sann täglich darauf, wie sie wohl entfliehen könnte, denn sie war schon seit langem mit einem Prinzen verlobt. Schlau bereitete sie alles zur Flucht vor und tat freundlich zu Rübezahl. „Ich will deine Gemahlin werden", sagte sie, „doch woran soll ich erkennen, dass du mir gewogen bist?" „Ich will alles tun, was du willst", antwortete Rübezahl. „So gehe hin und zähle die Rüben", gebot die Prinzessin. „Denn jede soll an meinem Hochzeitstage eine Brautjungfer werden."

Das tat nun Rübezahl. Er hüpfte hurtig über das Feld, meinte sich zu verzählen und begann von Neuem. Die Prinzessin aber nahm rasch eine Rübe und verwandelte sie in ein mutiges Ross mit Sattelzeug. Dann schwang sie sich darauf und ritt über das Gebirge davon.

Als Rübezahl mit dem Zählen fertig war, erkannte er den Betrug. Wütend schickte er der Prinzessin einen Blitz hinterher, aber sie war schon aus seinem Reich hinaus. Die Prinzessin kam glücklich zu ihrem Verlobten und hielt mit ihm eine fürstliche Hochzeit. Rübezahl aber erhielt seit jener Zeit den Spottnamen „Rübenzähler" oder kurz „Rübezahl".

Rübezahl auf der Hochzeit

Mit einem Stock in der Hand und einem alten Korb auf dem Rücken, so schlich die alte Lore am Bergeshang dahin. Sie suchte hier eine Pflanze, dort eine Wurzel, und darum nannte man sie wohl auch die Kräuterlore. „Allermannsherrn, am Himmelfahrtstag gesammelt", brummte die Alte vor sich hin, „bringt Reichtum und Glück. Und morgen ist Himmelfahrtstag."

Als die alte Lore mit ihren Gedanken durch den Wald ging, stand plötzlich ein Bauer vor ihr, ohne dass sie wusste, woher er gekommen war.

„Was sucht ihr da, alte Frau?", fragte der fremde Mann mitleidig. „Ich grabe Wurzeln aus und suche heilkräftige Pflanzen", sagte sie. „Aber es ist ein schweres Stück Arbeit. Den ganzen Tag gebückt gehen, bei Regen und Sonnenschein, das ist mein Los. Aber meine Tochter Lisbeth will heiraten und ich kann nicht einmal die Hochzeit ausrichten."

„Liebe Frau", sagte der Bauer, „wer wird denn gleich verzagen? Ich will euch eine Stelle zeigen, wo ihr viele Kräuter finden werdet." Und dann führte er sie zu einem Hügel, der ganz mit Moos bedeckt war. „Hier sucht", sprach der Mann und verschwand vor ihren Augen. Als die Kräuterlore näher herantrat, leuchtete ihr ein Haufen goldener Dukaten entgegen. Da bückte sie sich freudig und steckte nur wenige Dukaten in die Tasche, denn sie war bescheiden. Dann machte sie sich auf den Heimweg. Nun konnte sie ihrer Tochter eine Hochzeit ausrichten und Musikanten bestellen, wie es dortzulande üblich war.

Nachdem das junge Paar in der Kirche getraut worden war, gingen alle Gäste zum Essen in den Dorfkrug. Nach dem Essen sollte der Tanz beginnen. Da erschien ein feiner junger Herr im Saal und sprach zu dem Bräutigam: „Ihr erlaubt mir wohl, den Ehrentanz mit der jungen Braut zu tanzen."

Das wurde ihm gern gewährt. Nach dem Tanze schenkte er der jungen Frau ein einfaches Halsband von böhmischen Glasperlen. Sie dankte ihm fröhlich und tat das Halsband um. Dem Ehemann gab Rübezahl – denn niemand anders war der junge Herr – einen ledernen Geldbeutel. Als das Fest spät in der Nacht zu Ende war, trat Rübezahl zu dem Wirt und bezahlte die Kosten des Schmauses auf Heller und Pfennig.

Am anderen Morgen tat die Frau noch einmal das Brautkleid an und legte auch das Halsband um. Da verwandelten sich die Glasperlen in echte Diamanten, die herrlich glitzerten und funkelten. Als nun der junge Ehemann seinen Geldbeutel ansah, fand er darin einen harten Taler. Von nun an wünschte sich jedes Brautpaar einen solchen Gast. Rübezahl jedoch erschien niemals wieder auf einer Hochzeit.

Der gefundene Esel

Nicht weit von Warmbrunn im Riesengebirge lag ein großes Bauerndorf. Dort dienten zwei Geschwister, Hans und Grete, die Kinder einer armen Häuslerin. Sie waren brav und fleißig und sparten jeden Groschen, damit sie ihrer armen Mutter bald eine Kuh kaufen konnten.

Eines Tages gingen sie nach Warmbrunn auf den Viehmarkt. Unterwegs bedachten sie alles: Zunächst wollten sie die Kuh holen, dann ein Stück Ackerland kaufen, Obstbäume pflanzen, Hühner und Gänse anschaffen und so weiter. Darüber wurden sie ungemein fröhlich und machten Halt, um ihr Geld noch einmal nachzuzählen. „Stecke das Geld wieder ein", sagte Grete, „sonst versäumen wir die Zeit."

Hans steckte den Beutel wieder in die Tasche. Da kam unversehens ein Esel aus dem Wald gelaufen. Ein langer Strick hing ihm am Halse herab. „Ei", lachte Hans, „wohin so eilig?" Er sprang dem Esel nach und hatte ihn bald am Strick erwischt.

Der Esel ließ sich ruhig mitführen. Da dachte Hans, es wäre ganz lustig, auf ihm zu reiten. „Nimm du den Strick, Grete", sagte er, „ich will mich auf seinen Rücken setzen." So stieg er denn auf. Auf einmal aber bockte der Esel und Hans flog in hohem Bogen in den Staub. Da riss der Strick und der Esel sprang in großen Sätzen davon und war verschwunden. Nun gingen sie beide still nebeneinander weiter. Nach einer Weile sah Hans, dass Grete das abgerissene Strickende noch in der Hand hielt. „Wirf den Strick weg", rief Hans ärgerlich, aber Grete steckte ihn in die Tasche.

Endlich gelangten sie nach Warmbrunn und fanden auf dem Markt eine schöne Kuh, die ihnen wohl gefiel. Als Hans aber bezahlen wollte, war sein Geldbeutel verschwunden. So mussten sie traurig den Heimweg antreten. Als sie in ihr Dorf gelangten, trauten sie sich nicht, bei der Hütte ihrer Mutter einzukehren.

Grete ging in den Stall, um die Kuh zu melken. Hans aber stieg auf den Boden, um Häcksel zu schneiden. Er füllte damit seinen Rückenkorb. Als er ihn aufheben wollte, riss ihm der Tragegurt entzwei. „Grete", rief er, „hast du noch den Strick von heute morgen?" Da reichte sie ihm den Strick, den der Esel um den Hals gehabt hatte, aber der Strick wollte nicht taugen, denn er war hart. Als ihn Hans aber genauer besah, flimmerte er inwendig wie die liebe Sonne. Da war der ganze Strick aus lauter Goldfäden zusammengedreht und tausendmal mehr wert als der verlorene Beutel mit Geld.

Nun waren sie sehr froh. Sie bauten ihrer Mutter ein schönes Haus, kauften Kühe und Schweine, Hühner und Gänse und auch ein Pferd und lebten fortan glücklich und zufrieden.

Rübezahl und der Doktor

Rübezahl streifte an einem schönen Herbsttage im Gebirge umher, um mit den Menschen Schabernack zu treiben. Da sah er auf dem Wege von Schmiedeberg her einen kleinen dürren Mann emporsteigen. Am Gürtel trug er eine Tasche und auf dem Rücken einen Rucksack, in dem er allerlei Kräuter sammelte.

Als er in Rübezahls Nähe kam, rief ihm dieser einen Gruß zu und fragte, ob er ihn nicht ein Stück Weges begleiten dürfe. Der Mann nahm das freundliche Anerbieten gern an und erzählte, dass er der weltberühmte Doktor Klapperbein sei, der mit allerlei Wunderkuren schon viele Menschen geheilt habe. „Kaiser und Könige sind unter meinen Kranken", versicherte der Prahlhans.

So schwindelte er fort und band Rübezahl, den er für einen Holzhauer hielt, seine Lügen auf, bis dieser fragte: „Da ihr ein so kluger Mann seid, so kennt ihr gewiss auch das Kräutlein ‚Mäusezahn'. Wer es findet, besitzt ein Mittel gegen jedes Leiden."

Den gelehrten Doktor verdross es, dass ihn ein dummer Holzhauer belehren wollte, denn er kannte das Kräutlein nicht. Er sagte: „Lieber Freund, redet doch nicht von Dingen, die ihr nicht versteht! Da ihr aber gar so klug seid, so sagt mir doch einmal: Was war eher da, die Eichel oder der Eichbaum?" „Ei, nun", antwortete der Holzhauer, „doch wohl der Eichbaum, auf dem die Eichel erst wachsen muss." „Ihr seid ein Tropf", rief spottend der Doktor. „Wo soll der Eichbaum herkommen, wenn nicht aus dem Samen der Eichel?" „Ich gestehe meine Unwissenheit", entgegnete der Holzhauer. „Aber da ihr so viel wisst, könnt ihr mir sicher einen guten Rat geben. Ich leide seit Jahren an Krämpfen, bin aber zu arm, um einen Arzt zu

befragen." Und da stürzte er auch schon zu Boden, verdrehte die Augen und schlug die Zähne hörbar aufeinander. Der Doktor nahm ein Dutzend Pillen aus seiner Tasche und schüttete sie dem Kranken in den Mund. Es dauerte nicht lange, da stand der Holzhauer auf und versicherte, dass er kerngesund sei.

„Was meint ihr", fragte er den Arzt, „wem gehört wohl das Gebirge, dem König von Böhmen oder Rübezahl, dem Herrn vom Berge?"

„Ich denke, dem König von Böhmen, denn Rübezahl ist ja nur ein Hirngespinst, um den Kindern Angst zu machen", sagte der Arzt. Kaum hatte er das gesagt, da geschah ein entsetzlicher Krach, die Erde bebte, und anstatt des Holzhauers stand ein grässlicher Riese vor ihm. „Elender Wurm!", donnerte Rübezahl. „Ich will dir zeigen, wer der Herr des Gebirges ist!"

Bei diesen Worten gab er ihm einen Stoß und der berühmte Doktor Klapperbein kullerte wie ein Igel den Berg hinunter. Nie wieder wagte er es, zum Kräutersammeln ins Gebirge zu gehen.

Der Schuldschein

So leicht es war, Rübezahls Freundschaft zu verscherzen, so leicht war es auch, sie zu gewinnen. Ein Bauer hatte einmal durch einen bösen Nachbarn alles Hab und Gut verloren. Er hatte nun nichts mehr als ein abgehärmtes Weib und sechs Kinder. Es schnitt ihm ins Herz, wenn er sie um Brot bitten sah. Doch er hatte nichts, um ihren Hunger zu stillen.

„Mit hundert Talern", sprach er zu seinem Weib, „wäre uns geholfen. Ich will zu deinen reichen Vettern gehen, vielleicht geben sie uns gegen Zinsen so viel, wie wir brauchen."

Da machte er sich auf, weit über die Berge. Als er ermattet zu den Vettern kam, waren diese hartherzig und keiner wollte ihm helfen. Nicht einmal eine Beherbergung gewährten sie ihm. Da steckte er eine harte Brotrinde als Wegzehrung in die Tasche und ging davon. Als er auf dem Heimweg durchs Gebirge kam, fiel ihm Rübezahl ein. In seiner Not schrie er so laut er konnte: „Rübezahl! Rübezahl!" Bald erschien ein Mann, rußig wie ein Köhler, mit einem fuchsroten Bart und feurigen Augen. „Mit Gunst, Herr Rübezahl", sprach der arme Bauer, „die Not treibt mich! Möchtet ihr mir nicht hundert Taler leihen? Ich zahle sie mit Zinsen zurück." Hierauf erzählte er ihm seine ganze traurige Geschichte, sodass Rübezahl Mitleid mit ihm hatte und sprach: „Komm, folge mir!"

Er führte ihn in ein abgelegenes Tal zum Eingang einer finsteren Höhle. Dem Bauern war nicht wohl dabei zumute, als er so im Dunkeln tappen musste. Innen in der Höhle kamen sie in einen großen Saal. Ein Flämmchen schwebte als ein Hängeleuchter in der Mitte der Felsenhalle. Auf dem Boden stand eine große Pfanne, bis an den Rand mit harten

Talern gefüllt. „Nimm", sprach der Berggeist, „und stelle mir einen Schuldschein aus!" Da nahm der Bauer hundert Taler und gab Rübezahl einen Schuldschein. „Aber nach drei Jahren muss ich das Geld zurückhaben, sonst hole ich es mir mit Ungestüm", sprach Rübezahl. Der Bauer versprach es ihm.

Als er nach Hause kam, ließ er Essen auftragen, zeigte das viele Geld und lobte die guten Vettern, die es ihm gegeben hätten. Dann kaufte er ein großes Ackerland, worauf er säte und erntete. Alles geriet ihm, denn es war ein Segen in Rübezahls Gelde. Als nun der Zahltag kam, zog er sich fein an und hieß Frau und Kinder mitgehen zu den Vettern. Tief im Walde blieb er vor einem Hohlweg stehen und sagte: „Frau, deine Vettern sind arge Knauser, Rübezahl hat mir das Geld gegeben. Ich will es ihm zurückbringen, wartet hier auf mich."

Da ging er in die Höhle, klopfte an den Felsen, legte das Säckchen mit dem Geld hin und rief laut: „Rübezahl, nimm, was dein ist!" Da sich aber der Berggeist auch nach mehrmaligem Rufen nicht blicken ließ, nahm er das Geld wieder an sich und ging zurück zu den Seinen.

Als sie den Heimweg antraten, erhob sich plötzlich ein Brausen, das dürre Laub fiel von den Bäumen und mit den welken Blättern wirbelte ein Blatt Papier dahin. Als sie es besahen, war es der Schuldschein. Er war eingerissen und darauf stand: „Zu Dank bezahlt." Da weinten sie alle Tränen der Freude und Dankbarkeit.

Rübezahl und der Bauer

Einst lebte in Lomnitz ein Bauer, der war weit und breit der reichste Mann in der ganzen Gegend. Er war nur ein einfacher Tagelöhner gewesen, doch hatte er es durch Fleiß und Sparsamkeit zu etwas gebracht. Statt nun aber bescheiden zu bleiben und sich seines Reichtums zu freuen, war er hochmütig geworden. Er führte überall das große Wort und sah mit Geringschätzung auf alle armen Leute herab.

Einmal war jenseits des Gebirges eine Kirmes. Da machte sich auch unser Bauer auf den Weg, denn er wollte dort zugleich gute Freunde besuchen.

Als er mitten im Walde war, begegnete ihm ein armer Mann, der zog seinen Hut und redete ihn also an: „Das trifft sich gut", sagte er, „da habe ich einen Reisegefährten gefunden. Zu zweien geht es sich besser, denn durch Plaudern macht man den Weg kürzer."

Der hochmütige Bauer paffte dem Fremden einen kräftigen Zug aus seiner kurzen Pfeife ins Gesicht, gab ihm aber keine Antwort.

Da versuchte es der Fremde, der niemand anders als Rübezahl war, mit einer neuen Anrede. „Wollt ihr auch zur Kirmes?", fragte er den Bauern. „Da können wir ja zusammen gehen."

Aber wieder sah der reiche Bauer auf den armen Mann verächtlich herab und fragte endlich: „Wer seid ihr denn eigentlich?"

„Ich bin ein armer Tagelöhner", sagte der Fremde bescheiden.

„Da seid ihr was Rechtes", antwortete der Bauer hochnäsig und zog seinen Mund ganz schief. „Geht nur allein eures Weges und lasst mich in Ruhe. Ich reise nur mit meinesgleichen!" Kaum aber hatte der reiche Bauer ausgeredet, und sein Mund stand vor Hochmut noch ganz schief, da gab ihm Rübezahl eine so kräftige

Ohrfeige auf seine Backe, dass er meinte, aus seinen Augen sprühten Feuerfunken heraus. Und da stand nicht mehr der arme Tagelöhner vor ihm, sondern ein riesengroßer, finster dreinschauender Mann, der wie ein Köhler gekleidet war. Da bekam der reiche Bauer Angst und nahm eiligst Reißaus. Er lief, so schnell er nur konnte, den Weg zurück zu seinem Haus. Er sah sich nicht einmal um, bis er endlich wieder zu Hause war.

Als die Frau des Bauers ihren Mann zur Tür hereinkommen sah, erschrak sie und sprach: „Kommst du schon wieder heim von der Kirmes? Und was ist dir denn geschehen? Du bist ja ganz rot im Gesicht. Und was hast du für einen merkwürdig schiefen Mund?"

Da betrachtete sich der Bauer im Spiegel und war entsetzt, als er seinen Mund sah. Er war so schief stehen geblieben, wie er ihn hochmütig verzogen hatte, als ihm Rübezahl die Ohrfeige gab. Sein Mund blieb nun sein Leben lang so stehen. Das war die Strafe, die ihm der Berggeist für seinen Hochmut gegeben hatte.

Rübezahl und die Mutter

Eines Tages sonnte sich Rübezahl an der Hecke seines Gartens. Da kam eine Frau des Weges daher. Sie trug ein Kind auf dem Arm, eins auf dem Rücken, eins führte sie an der Hand und das vierte trug einen leeren Korb. „Eine Mutter", dachte Rübezahl, „ist doch ein gutes Geschöpf. Sie schleppt sich mit vier Kindern ab und wird auch noch den schweren Korb tragen." Die Frau setzte ihre Kinder nieder und begann, Laub zu sammeln. Nach einiger Zeit langweilten sich die Kinder und fingen an zu schreien. Nun pflückte die Mutter Beeren und reichte sie den Kindern, doch das Jüngste wollte sich nicht beruhigen. Da riss ihr endlich die Geduld und um es zu erschrecken, rief sie: „Rübezahl, komm und friss mir den Schreihals!" Augenblicklich stand Rübezahl neben ihr und sie erschrak gar heftig. „Gib mir den Schreier!", forderte Rübezahl und streckte seine Hand nach dem Kind aus. Da fiel die Mutter dem Berggeist mutig in den Arm und riss an seinem Bart. Darauf war Rübezahl nicht gefasst, aber es freute ihn, wie die Mutter ihre Kinder verteidigte. „Ich bin kein Menschenfresser", sagte er, „aber gib mir den Knaben, ich will ihn halten wie einen Junker."

„Ha!", rief die Frau. „Den Jungen gebe ich nicht für alle Schätze der Welt her."

„Aber du hast doch noch drei andere Kinder, reicht es dir nicht, dass du dich für die plagen musst?", fragte Rübezahl. Da sprach die Frau: „Eine Mutter tut das gern für ihre Kinder. Ich wollt', ich hätt' hundert Hände, um sie tragen und nähren zu können." „Hat denn dein Mann keine Hände, die arbeiten können?", fragte Rübezahl. Da erzählte die Frau: „Er ist ein armer Glashändler und muss schwer arbeiten. Er schleppt die Last in einem Korb aus Böhmen herüber, jahraus, jahrein."

Da die Frau den Knaben nicht hergeben wollte, ging Rübezahl davon. Die Mutter raffte alles Laub zusammen, tat es in den Korb, nahm ihn auf den Rücken und machte sich auf den Heimweg. Als sie aber ein Stückchen gegangen war, wurde ihr der Korb zu schwer. Sie meinte, Rübezahl hätte ihr einen Streich gespielt und Steine unter das Laub gezaubert. Sie stürzte den Korb um, fand aber nichts. Da machte sie den Korb halb leer und ging weiter, aber bald wurde er ihr wieder zu schwer. So ging es mehrmals, bis sie nach Hause kam. Sie warf den Ziegen etwas Laub vor, aß mit den Kindern Abendbrot und legte sich bald schlafen.

Als sie am nächsten Morgen in den Stall kam, lag die alte Ziege da und war tot. Da kamen ihr die Tränen. Wie sie aber die Augen auftat, lag vor ihr ein Blättchen von dem Laub, das blinkte so hell wie Gold. Rasch hob sie es

auf und lief damit zur Krämersfrau. Die gab ihr zwei Doppeltaler dafür. Nun kaufte die Mutter Brezeln für die Kinder und eine Hammelkeule für ihren Mann. Wie erstaunt war sie aber, als sie zu Hause im Stall in den Futtertrog sah und dort einen ganzen Haufen goldener Blätter fand.

Währenddessen kam ihr Mann mit einem großen, schweren Korb auf dem Rücken über das Gebirge. Rübezahl hatte schon nach ihm Ausschau gehalten, denn er wollte seinen Meisterstreich an ihm ausführen. Der keuchende Mann hatte beinahe die Höhe überstiegen, da musste er einmal ausruhen, denn die Last drückte ihn sehr. Er setzte den Korb ab und streckte sich in das grüne Gras.

Nun ließ Rübezahl einen Wirbelwind kommen, trieb ihn gegen den Glaskorb und warf ihn um, sodass alles darin in tausend

Scherben ging. Der arme Mann hörte in der Ferne ein lautes Gelächter. „Das hat Rübezahl mir getan", rief der Mann. „Was habe ich dir getan, dass du mir nimmst, was ich mit saurem Schweiß verdiene?" Rübezahl ließ aber nichts von sich hören und sehen.

Da sammelte der Mann die Stücke zusammen, denn er wollte sie auf einer Glashütte wenigstens für ein paar Wassergläser eintauschen. Er sann darüber, wie er den Schaden wieder einholen könnte. Da fiel ihm die Ziege ein, die seine Frau im Stall hatte. Er gedachte, nicht bei Tage heimzukehren, sondern bei Mitternacht ins Haus zu schleichen, die Ziege aus dem Stall zu holen und zu verkaufen, um zu Geld zu kommen.

So wartete er vor dem Dorf, bis es Nacht geworden war. Er fand aber den Stall unverschlossen und innen alles öde und wüst. Da war keine Ziege mehr zu finden. Er warf sich auf die Streu und schlief traurig ein.

Niedergeschlagen ging er am nächsten Morgen an die Tür und klopfte. Da sprang seine Frau freudig auf, lief zu dem Manne und begrüßte ihn. Er aber setzte sich missmutig auf die Ofenbank. „Was hast du, lieber Mann?", fragte das Weib. Da erzählte er ihr die Ursache seines Kummers. Sie erriet wohl, dass Rübezahl ihm den Schabernack gespielt hatte, konnte sich aber des Lachens nicht erwehren. Da fragte er nach der Ziege, sie aber sagte: „Was kümmert dich meine Ziege, sie ist draußen im Walde, doch hast du noch gar nicht nach den Kindern gefragt." „Ach, die Kinder", sagte der Mann, „dass Gott erbarm! Ist die Ziege fort, so kann ich die Kinder nicht ernähren." „Aber ich kann's", sprach die Frau und erzählte ihm alles, was ihr mit Rübezahl widerfahren war. Da stand der Mann da wie ein stummer Ölgötz und konnte es nicht fassen. Als er wieder zur Besinnung gekommen war, fiel er seinem trauten Weibe in die Arme und küsste sie.

Von dem vielen Gold kauften sie ein großes Bauerngut und wirtschafteten darauf ihr Leben lang. Der Mann war der freundlichste und liebevollste Vater und ein ordentlicher Hauswirt, denn Müßiggang war nicht seine Sache. Die gute Mutter aber erlebte noch im Alter viel Freude an ihren Kindern.

© 2013 Titania Verlag GmbH
Fränkisch-Crumbach 2013
www.titania-verlag.de

Illustrationen: Fritz Baumgarten
Layout, Satz und Umschlaggestaltung:
design cat GmbH

ISBN 978-3-86472-504-3

Gedruckt auf umweltfreundlichem Papier.
Zur Herstellung dieses Buches wurde kein
Papier aus Regenwäldern verwendet.